школа - école	2
падарожжа - voyage	5
транспарт - transport	8
горад - ville	10
краявід - paysage	14
рэстаран - restaurant	17
супермаркет - supermarché	20
напоі - boissons	22
ежа - aliments	23
сядзіба - ferme	27
дом - maison	31
жылы пакой - salle de séjour	33
кухня - cuisine	35
ванная - salle de bains	38
дзіцячы пакой - chambre d'enfant	42
адзенне - vêtements	44
офіс - bureau	49
эканоміка - économie	51
прафесіі - professions	53
інструменты - outils	56
музычныя інструменты - instruments de musique	57
заапарк - zoo	59
спорт - sports	62
дзейнасць - activités	63
сям'я - famille	67
цела - corps	68
шпіталь - hôpital	72
экстраная дапамога - urgence	76
Зямля - Terre	77
гадзіннік - heure	79
тыдзень - semaine	80
год - année	81
формы - formes	83
колеры - couleurs	84
супрацьлегласці - opposés	85
лічбы - nombres	88
мовы - langues	90
хто / што / як - qui / quoi / comment	91
дзе - où	92

Impressum
Verlag: BABADADA GmbH, Nedderfeld 112 , 22529 Hamburg
Geschäftsführer / Verlagsleitung: Harald Hof
Druck: Books on Demand GmbH, In de Tarpen 42, 22848 Norderstedt

Imprint
Publisher: BABADADA GmbH, Nedderfeld 112 , 22529 Hamburg, Germany
Managing Director / Publishing direction: Harald Hof
Print: Books on Demand GmbH, In de Tarpen 42, 22848 Norderstedt

школа
école

дзяліць / diviser

дошка / tableau

класны пакой / salle de classe

школьны двор / cour d'école

настаўнік / enseignant

папера / papier

пісаць / écrire

ручка / stylo

пісьмовы стол / bureau de travail

лінейка / règle

кніга / livre

вучань / écolier

ранец
sac d'écolier

пенал
trousse

просты аловак
crayon

тачылка для алоўкаў
taille-crayon

гумка
gomme à effacer

альбом для малявання
bloc de papier à dessin

малюнак
dessin

пэндзлік
pinceau

фарбы
boîte de peintures

нажніцы
ciseaux

клей
colle

сшытак
cahier d'exercices

хатняе заданне
devoirs

лік
chiffre

2+2

дадаваць
additionner

адымаць
soustraire

множыць
multiplier

лічыць
calculer

літара
lettre

алфавіт
alphabet

слова
mot

школа - école

тэкст
texte

чытаць
lire

крэйда
craie

ўрок
leçon

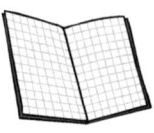
класны журнал
le cahier de notes

экзамен
examen

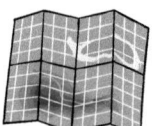
атэстат
certificat

школьная форма
uniforme scolaire

адукацыя
éducation

энцыклапедыя
encyclopédie

універсітэт
université

мікраскоп
microscope

карта
carte

смеццевы кошык
corbeille à papier

школа - école

падарожжа
voyage

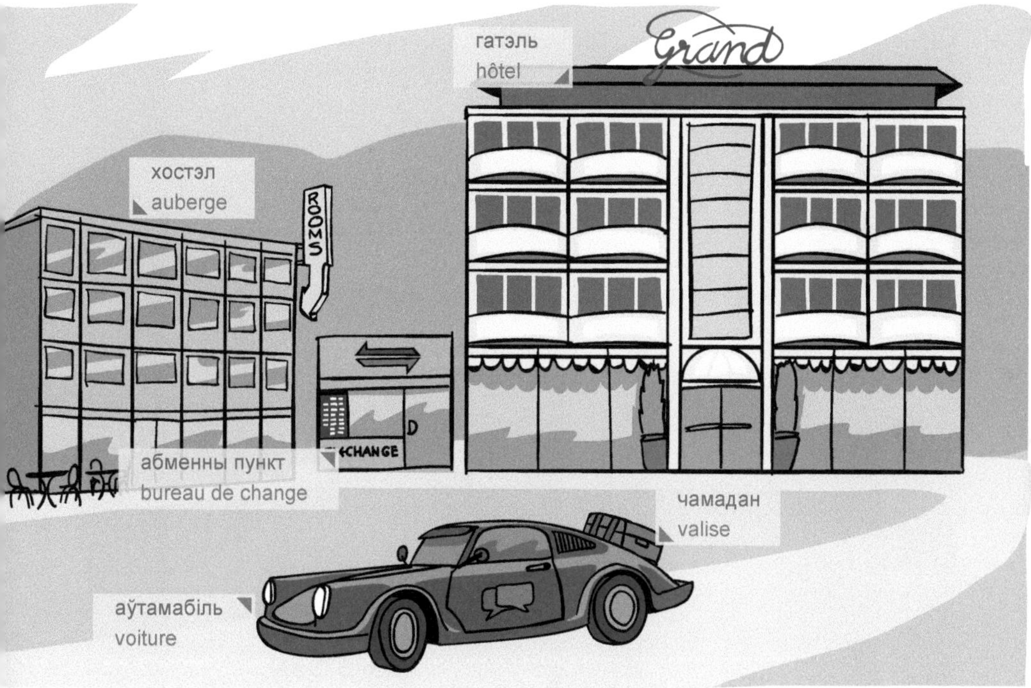

гатэль
hôtel
Grand
хостэл
auberge
ROOMS
CHANGE
абменны пункт
bureau de change
чамадан
valise
аўтамабіль
voiture

мова

langue

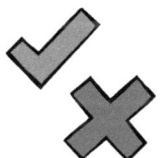

так / не

oui / non

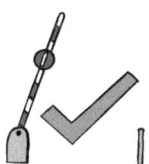

добра

Okay

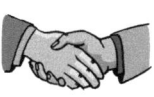

прывітанне!

Allo!

перекладчык

traducteur

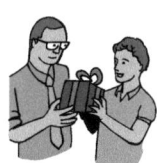

дзякуй

Merci

Колькі каштуе....?
Combien coûte...?

я не разумею
Je ne comprends pas

праблема
problème

Добры вечар!
Bonsoir !

Добрай раніцы!
Bonjour !

Дабранач!
Bonne nuit !

да пабачэння
bye bye

кірунак
direction

багаж
bagages

сумка
sac

заплечнік
sac à dos

госць
invité

пакой
pièce

спальны мяшок
sac de couchage

палатка
tente

інфармацыя для турыстаў

bureau d'information touristique

пляж

plage

крэдытная картка

carte de crédit

снеданне

déjeuner

абед

dîner

вячэра

souper

праязны білет

billet

ліфт

ascenceur

паштовая марка

timbre

мяжа

frontière

мытня

douane

пасольства

ambassade

віза

visa

пашпарт

passeport

падарожжа - voyage

транспарт
transport

карабель
navire

самалёт
avion

пажарная машына
camion d'incendie

грузавік
camion

аўтобус
autobus

маторная лодка
bateau à moteur

ровар
vélo

аўтамабіль
voiture

паром
traversier

лодка
bateau

матацыкл
motocyclette

паліцэйская машына
voiture de police

гоначны аўтамабіль
voiture de course

арэндаваны аўтамабіль
voiture de location

сумеснае карыстанне аўтамабілем
autopartage

эвакуатар
dépanneuse

смеццявоз
camion à ordures

матор
moteur

паліва
carburant

запраўка
station-service

дарожны знак
panneau de signalisation

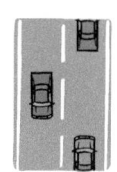

дарожны рух
circulation

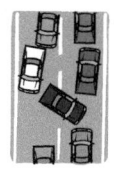

затор
embouteillage

паркоўка
parc de stationnement

чыгуначная станцыя
gare

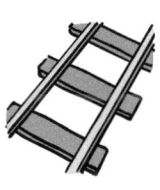

рэйкі
voies ferrées

цягнік
train

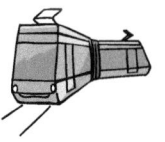

трамвай
tramway

вагон
wagon

верталёт | аэрапорт | вежа
hélicoptère | aéroport | tour

пасажыр | кантэйнер | кардонная скрыня
passager | conteneur | boîte en carton

  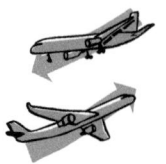

тачка | карзіна | ўзлятаць / прызямляцца
chariot | panier | décoller / atterrir

горад
ville

вёска | цэнтр горада | дом
village | centre-ville | maison

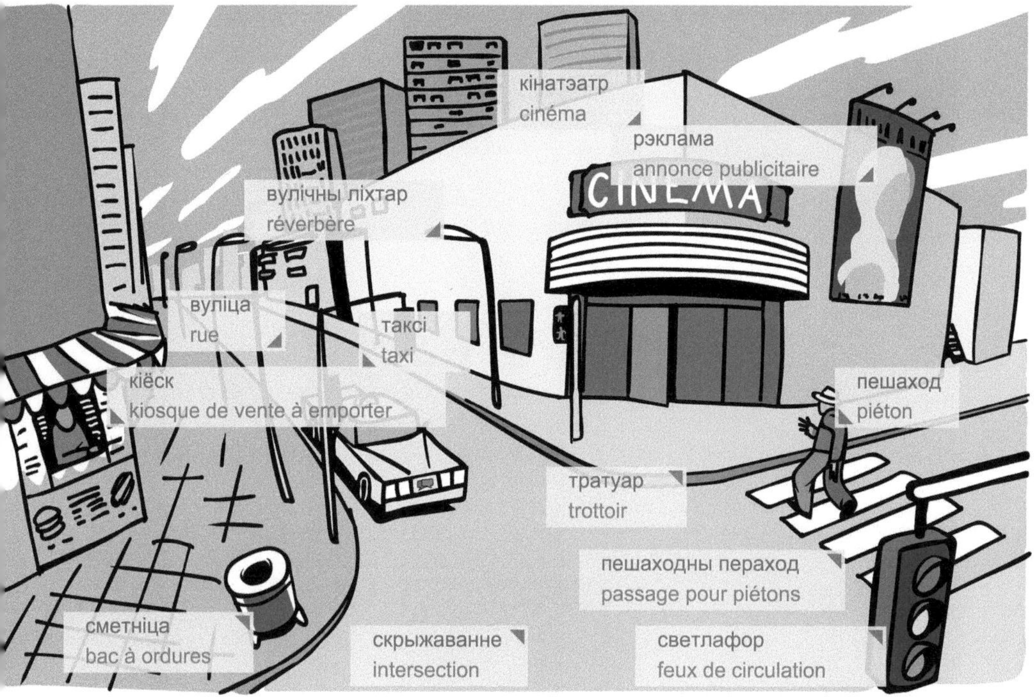

кінатэатр
cinéma

рэклама
annonce publicitaire

вулічны ліхтар
réverbère

вуліца
rue

таксі
taxi

кіёск
kiosque de vente à emporter

пешаход
piéton

тратуар
trottoir

пешаходны пераход
passage pour piétons

сметніца
bac à ordures

скрыжаванне
intersection

светлафор
feux de circulation

халупа
cabane

кватэра
appartement

чыгуначная станцыя
gare

ратуша
hôtel de ville

музей
musée

школа
école

горад - ville

 універсітэт université	 банк banque	 шпіталь hôpital
 гатэль hôtel	 аптэка pharmacie	 офіс bureau
 кнігарня librairie	 крама magasin	 кветкавая крама fleuriste
 супермаркет supermarché	 кірмаш marché	 універмаг grand magasin
 рыбная крама poissonnerie	 гандлевы цэнтр centre commercial	 порт port

парк
parc

лава
banc

мост
pont

лесвіца
escaliers

метро
métro

тунэль
tunnel

прыпынак
arrêt d'autobus

бар
bar

рэстаран
restaurant

паштовая скрыня
boîte à lettres

вулічны паказальнік
plaque de rue

паркамат
parcomètre

заапарк
zoo

басейн
bains publics

мячэць
mosquée

горад - ville

сядзіба
ferme

забруджванне навакольнага асяроддзя
pollution

могілкі
cimetière

царква
église

пляцоўка для гульні
aire de jeux

храм
temple

краявід
paysage

- ліст — feuille
- паказальнік — panneau indicateur
- дарога — chemin
- луг — pré
- камень — pierre
- дрэва — arbre
- падарожнік — randonneur
- рака — rivière
- трава — herbe
- кветка — fleur

даліна
vallée

гара
colline

возера
lac

лес
forêt

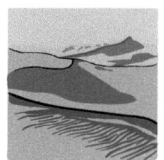
пустыня
désert

вулкан
volcan

замак
château

вясёлка
arc-en-ciel

грыб
champignon

пальма
palmier

камар
moustique

муха
mouche

мурашка
fourmi

пчала
abeille

павук
araignée

краявід - paysage

жук
scarabée

жаба
grenouille

вавёрка
écureuil

вожык
hérisson

заяц
lièvre

сава
chouette

птушка
oiseau

лебедзь
cygne

дзік
sanglier

алень
cerf

лось
orignal

пляціна
barrage

вятрак
éolienne

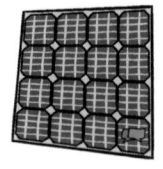
сонечная батарэя
panneau solaire

клімат
climat

краявід - paysage

рэстаран
restaurant

- афіцыянт / serveur
- меню / menu
- крэсла / chaise
- суп / soupe
- піца / pizza
- сталовыя прыборы / coutellerie
- абрус / nappe

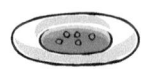

закуска
hors-d'œuvre

другая страва
plat principal

дэсерт
dessert

напоі
boissons

ежа
aliments

бутэлька
bouteille

рэстаран - restaurant

хуткае харчаванне (фаст-фуд)

restauration rapide

стрыт-фуд

cuisine de rue

імбрык (чайнік)

théière

цукарніца

sucrier

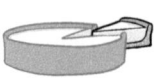

порцыя

part

эспрэса-машына

machine à expresso

дзіцячае крэселка

chaise haute d'enfant

рахунак

facture

паднос

plateau

нож

couteau

відэлец

fourchette

лыжка

cuillère

чайная лыжка

cuillère à thé

сурвэтка

serviette

шклянка

verre

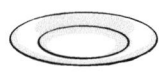

талерка

assiette

супавая талерка

assiette creuse

сподак

soucoupe

соус

sauce

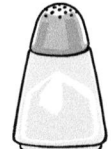

сальніца

salière

млынок для перцу

moulin à poivre

воцат

vinaigre

алей

huile

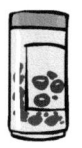

спецыі

épices

кетчуп

ketchup

гарчыца

moutarde

маянэз

mayonnaise

супермаркет
supermarché

акцыя
offre spéciale

пакупнік
client

малочныя прадукты
produits laitiers

садавіна
fruit

вазок
chariot

мясная крама
boucherie

хлебны магазін
boulangerie

важыць
peser

гародніна
légumes

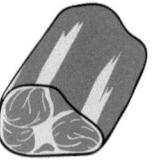

мяса
viande

свежазамарожаныя прадукты
aliments congelés

супермаркет - supermarché

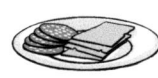

нарэзка
viandes froides

кансервы
conserves

пральны парашок
détergent à lessive en poudre

прысмакі
sucreries

хатнія прылады
produits d'entretien ménager

чысцячы сродак
produits d'entretien

прадавец
vendeuse

каса
caisse

касір
caissier

спіс пакупак
liste de provisions

гадзіны працы
heures d'ouverture

бумажнік
portefeuille

крэдытная картка
carte de crédit

сумка
sac

пакет
sac plastique

супермаркет - supermarché

21

напоі
boissons

вада
eau

сок
jus

малако
lait

кола
cola

віно
vin

піва
bière

алкаголь
alcool

какава
cacao

гарбата (чай)
thé

кава
café

эспрэса
expresso

капучына
cappuccino

ежа
aliments

банан
banane

яблык
pomme

апельсін
orange

дыня
melon d'eau

лімон
citron

морква
carotte

часнок
ail

бамбук
bambou

цыбуля
oignon

грыб
champignon

арэхі
noix

локшына
nouilles

спагеці
spaghettis

рыс
riz

салата
salade

бульба фры
frites

смажаная бульба
pommes de terre sautées

піца
pizza

гамбургер
hamburger

бутэрброд
sandwich

шніцаль
escalope

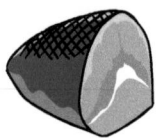

вяндліна
jambon

салямі
salami

каўбаса
saucisse

курыца
poulet

смажаніна
rôti

рыбак
poisson

ежа - aliments

аўсяныя камякі

gruau d'avoine

мюслі

muesli

кукурузныя шматкі

flocons de maïs

мука

farine

круасан

croissant

булачка

petit pain

хлеб

pain

тост

rôtie

пячэнне

biscuits

масла

beurre

тварог

caillé

пірог

gâteau

яйка

œuf

яечня

œuf miroir

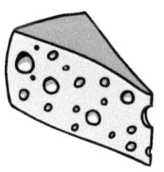

сыр

fromage

ежа - aliments

марожанае

crème glacée

цукар

sucre

мёд

miel

варэнне

confiture

нуга

crème de nougat

кары

cari

ежа - aliments

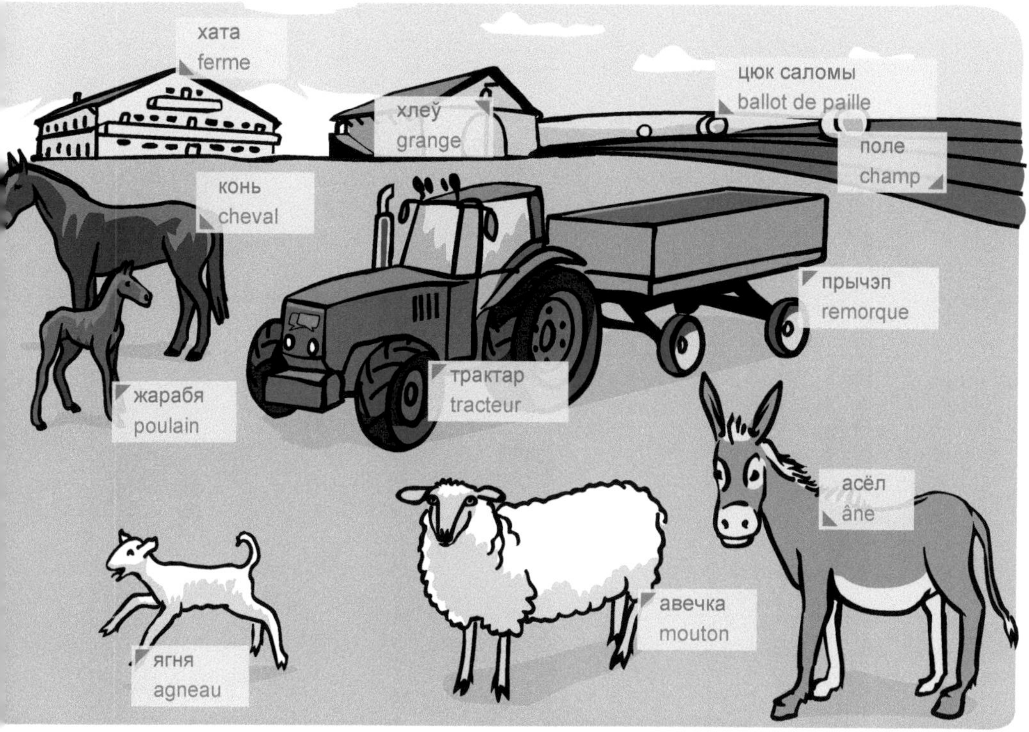

сядзіба
ferme

хата / ferme
хлеў / grange
цюк саломы / ballot de paille
поле / champ
конь / cheval
прычэп / remorque
жарабя / poulain
трактар / tracteur
асёл / âne
авечка / mouton
ягня / agneau

каза
chèvre

карова
vache

цяля
veau

свіння
porc

парася
porcelet

бык
taureau

гусак
oie

качка
canard

кураня
poussin

курыца
poule

певень
coq

пацук
rat

кот
chat

мыш
souris

вол
bœuf

сабака
chien

сабачая будка
niche

садовы шланг
tuyau d'arrosage

палівачка
arrosoir

каса
FALSE

плуг
charrue

сядзіба - ferme

серп
faucille

матыка
binette

вілы для гною
fourche à foin

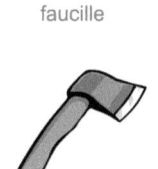

сякера
hache

тачка
brouette

карыта
auge

бітон для малака
pot à lait

мех
grand sac

плот
clôture

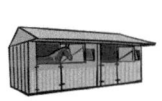

хлеў
écurie

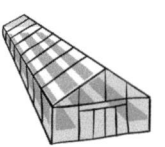

цяпліца
serre

глеба
sol

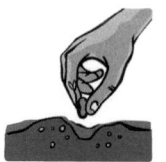

насенне
graines

угнаенне
engrais

камбайн
moissonneuse-batteuse

сядзіба - ferme

збіраць ураджай
récolter

ураджай
récolte

ямс
igname

пшаніца
blé

соя
soja

бульба
pomme de terre

кукуруза
maïs

рапс
graine de colza

садовае дрэва
arbre fruitier

маніёк
manioc

збожжа
grains

сядзіба - ferme

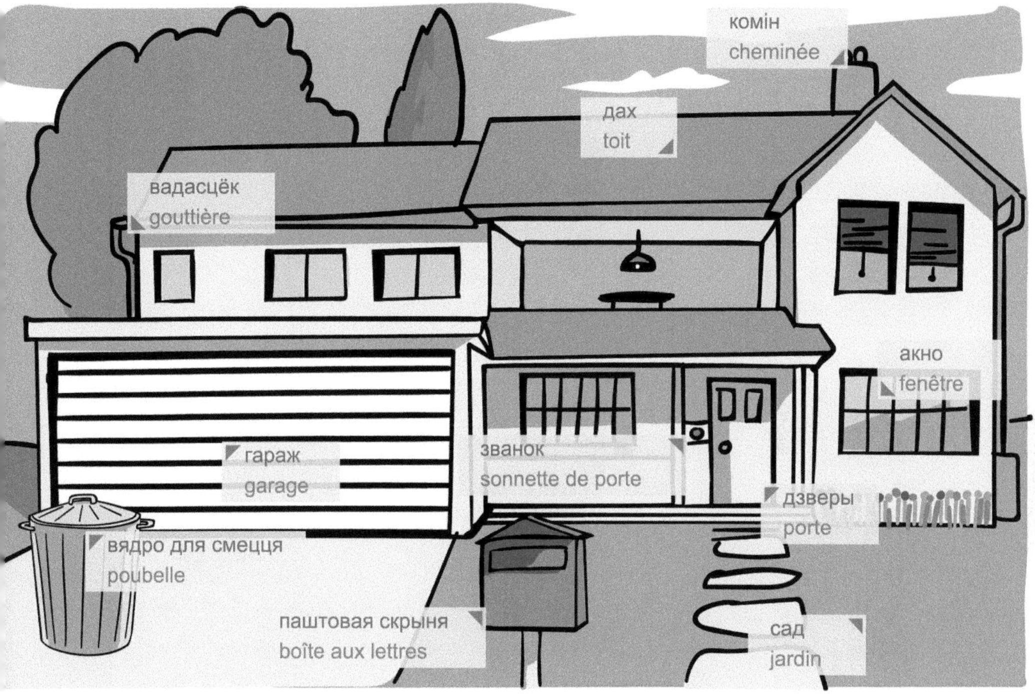

дом
maison

камін / cheminée

дах / toit

вадасцёк / gouttière

акно / fenêtre

гараж / garage

званок / sonnette de porte

дзверы / porte

вядро для смецця / poubelle

паштовая скрыня / boîte aux lettres

сад / jardin

жылы пакой
salle de séjour

ванная
salle de bains

кухня
cuisine

спальны пакой
chambre à coucher

дзіцячы пакой
chambre d'enfant

сталоўка
salle à manger

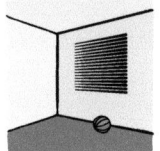 падлога plancher	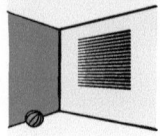 сцяна mur	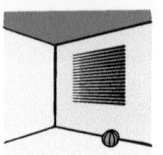 столь plafond
 падвал cellier	 саўна sauna	 балкон balcon
 тэраса terrasse	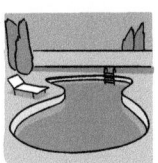 басейн piscine	 касілка tondeuse à gazon
 падкоўдранік drap	 коўдра jeté de lit	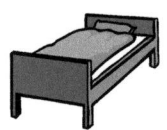 ложак lit
 венік balai	 вядро seau	 выключальнік interrupteur

дом - maison

жылы пакой
salle de séjour

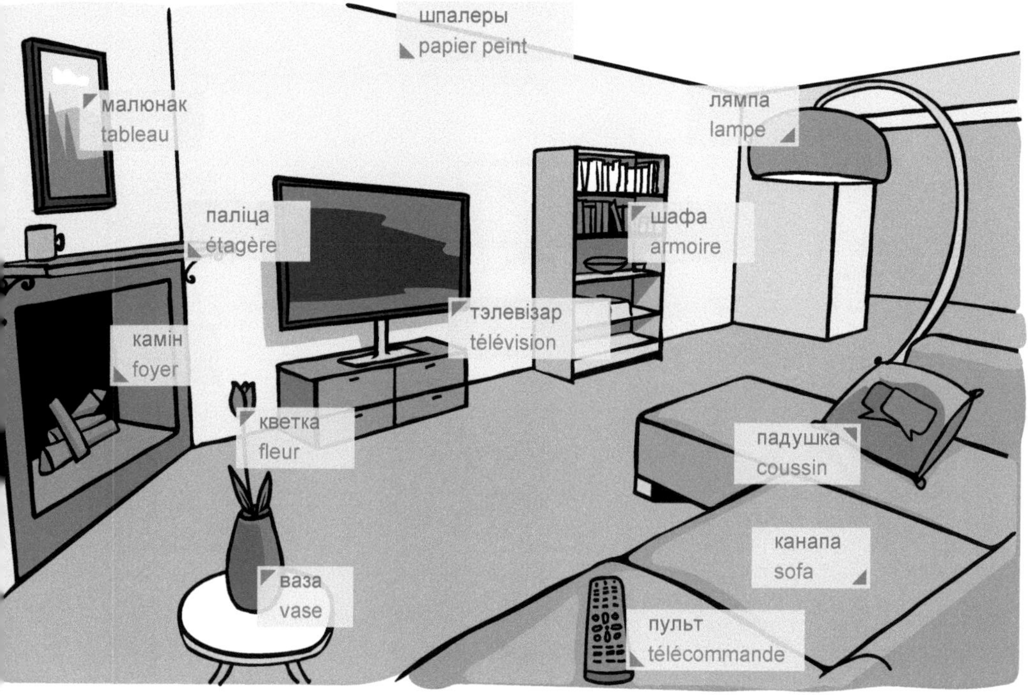

шпалеры / papier peint

малюнак / tableau

лямпа / lampe

паліца / étagère

шафа / armoire

камін / foyer

тэлевізар / télévision

кветка / fleur

падушка / coussin

ваза / vase

канапа / sofa

пульт / télécommande

дыван
tapis

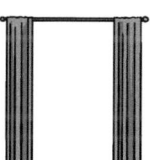

фіранка
rideau

стол
table

крэсла
chaise

крэсла-качалка
berceuse

крэсла
fauteuil

кніга
livre

коўдра
couverte

дэкарацыя
décoration

дровы
bois de chauffage

кіно
film

стэрэасістэма
chaîne hi-fi

ключ
clé

газета
journal

карціна
peinture

постар
affiche

радыё
radio

нататнік
bloc-notes

пыласос
aspirateur

кактус
cactus

свечка
chandelle

жылы пакой - salle de séjour

кухня
cuisine

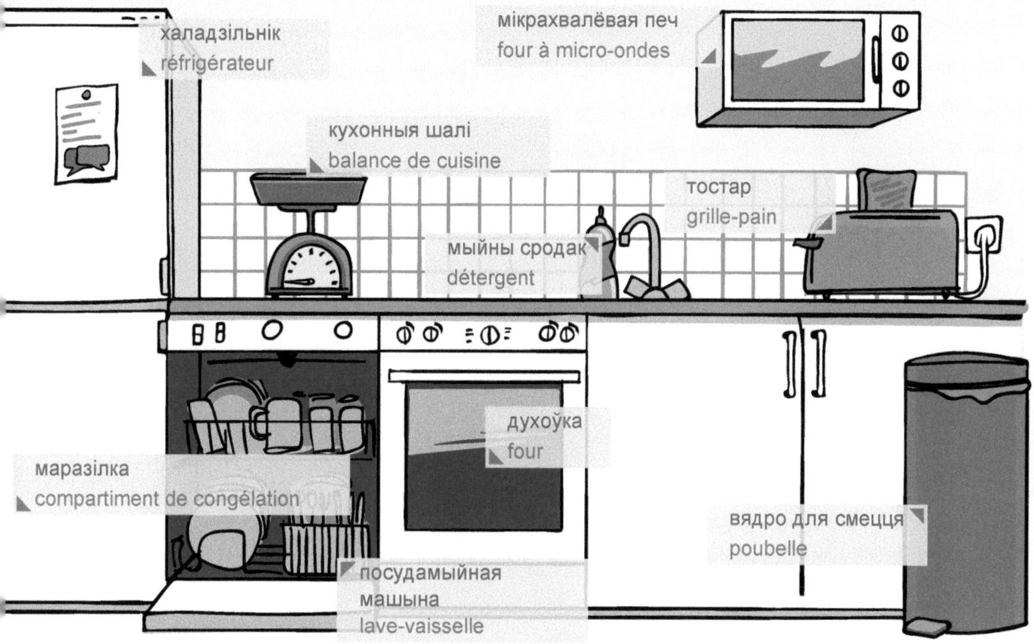

халадзільнік — réfrigérateur

мікрахвалёвая печ — four à micro-ondes

кухонныя шалі — balance de cuisine

мыйны сродак — détergent

тостар — grille-pain

маразілка — compartiment de congélation

духоўка — four

посудамыйная машына — lave-vaisselle

вядро для смецця — poubelle

пліта
cuisinière

рондаль
marmite

чыгунок
cocotte en fonte

Вок / кадаі
wok / kadai

патэльня
poêle

чайнік
bouilloire

параварка
cuiseur à vapeur

бляха
plaque à pâtisserie

посуд
vaisselle

кубак
grande tasse

міска
bol

палачкі для ежы
baguettes

чарпак
louche

лапатачка
spatule

збівалка
fouet

сіта для варэння
passoire

сіта
tamis

тарка
râpe

ступка
mortier

грыль
barbecue

вогнішча
foyer

кухня - cuisine

дошка

planche à découper

качалка

rouleau à pâtisserie

штопар

tire-bouchon

бляшанка

boîte à conserves

адкрывалка

ouvre-boîte

прыхваткі

mitaine de four

ракавіна

évier

шчотка

brosse

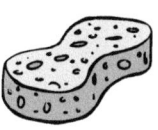

губка

éponge

міксер

mélangeur

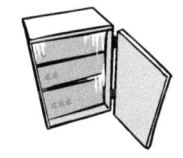

маразільная камера

congélateur

бутэлечка

biberon

вадаправодны кран

robinet

кухня - cuisine

ванная
salle de bains

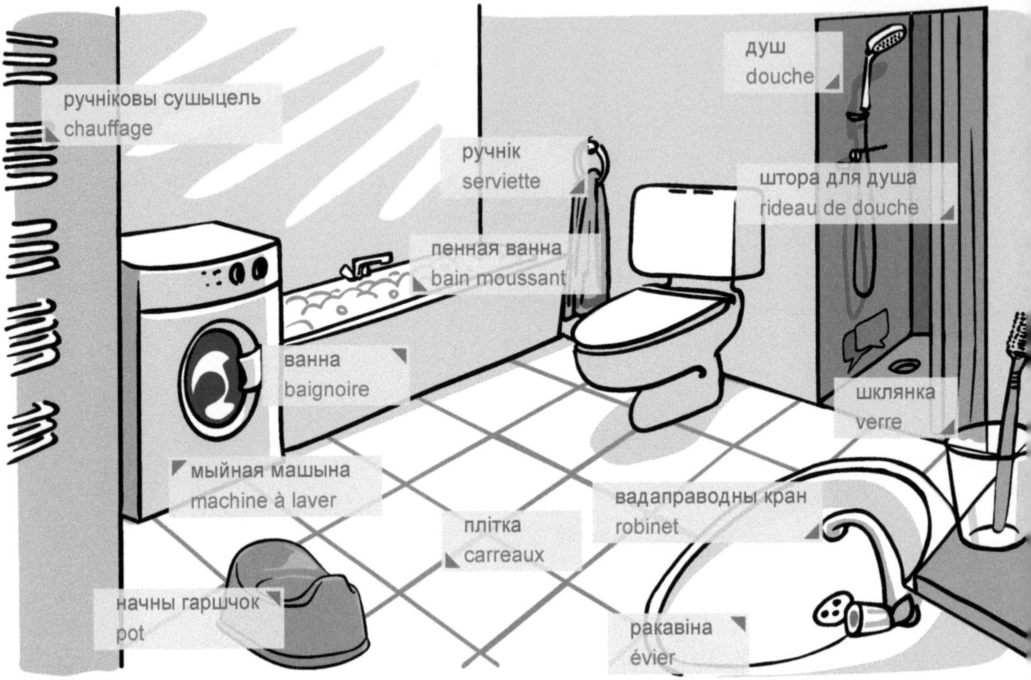

- ручніковы сушыцель / chauffage
- ручнік / serviette
- душ / douche
- штора для душа / rideau de douche
- пенная ванна / bain moussant
- ванна / baignoire
- мыйная машына / machine à laver
- шклянка / verre
- плітка / carreaux
- вадаправодны кран / robinet
- начны гаршчок / pot
- ракавіна / évier

туалет
toilette

падлогавы ўнітаз
toilette turque

бідэ
bidet

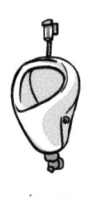

пісуар
urinoir

туалетная папера
papier hygiénique

шчотка для чысткі ўнітаза
brosse à toilette

зубная шчотка
brosse à dents

зубная паста
dentifrice

зубная нітка
soie dentaire

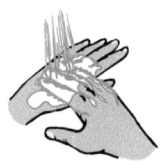
мыць
laver

ручны душ
douchette

інтымны душ
douche vaginale

умывальнік
cuvette

шчотка для спіны
brosse pour le dos

мыла
savon

гель для душа
gel douche

шампунь
shampoing

вяхотка
débarbouillette

вадасцёк
drain

крэм
crème

дэзадарант
déodorant

ванная - salle de bains

люстэрка

miroir

касметычнае люстэрка

miroir à main

станок для галення

rasoir

пена для галення

mousse à raser

ласьён пасля галення

après-rasage

грэбень

peigne

шчотка

brosse

фен

sèche-cheveux

лак для валасоў

laque

касметыка

maquillage

памада

rouge à lèvres

лак для пазногцяў

vernis à ongles

вата

ouate

манікюрныя нажніцы

ciseaux à ongles

духі

parfum

ванная - salle de bains

касметычка
trousse de toilette

табурэтка
tabouret

вагі
pèse-personne

лазневы халат
peignoir

санітарныя пальчаткі
gants de caoutchouc

тампон
tampon

гігіенічныя пракладкі
serviette hygiénique

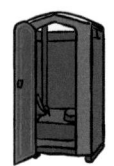
біятуалет
toilette chimique

дзіцячы пакой
chambre d'enfant

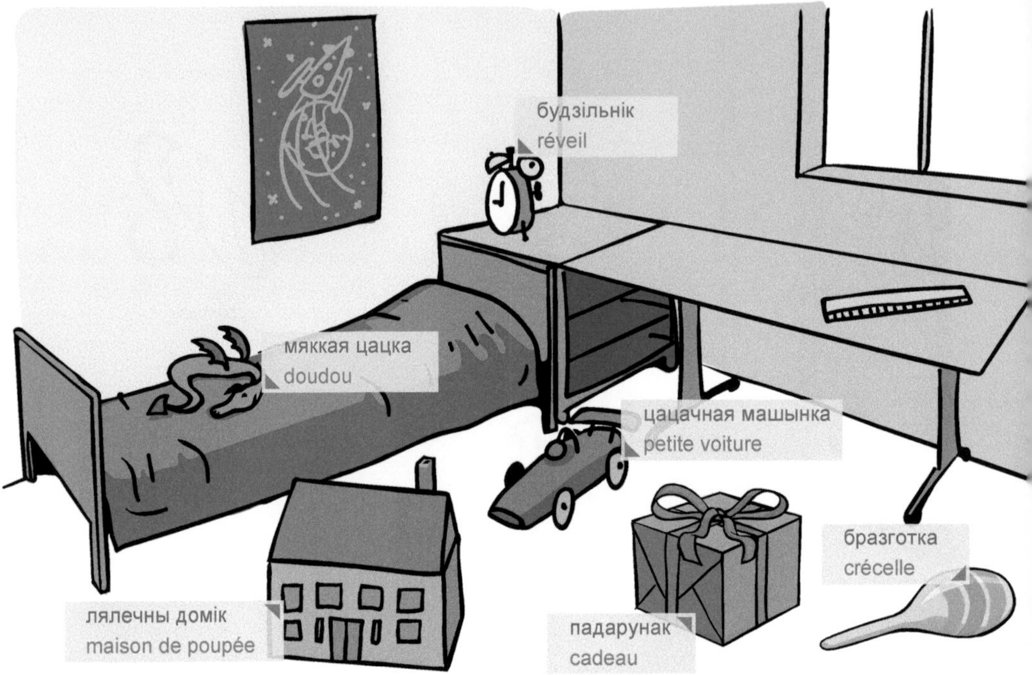

будзільнік
réveil
мяккая цацка
doudou
цацачная машынка
petite voiture
бразготка
crécelle
лялечны домік
maison de poupée
падарунак
cadeau

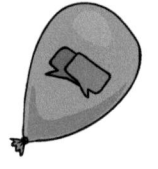

надзіманы шарык

ballon

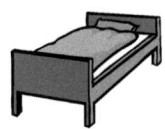

ложак

lit

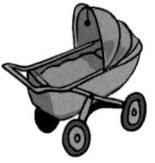

дзіцячая каляска

landau

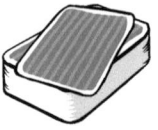

калода картаў

jeu de cartes

пазл

casse-tête

SUPER
MEGA

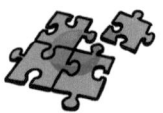

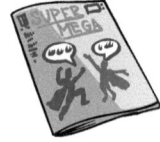

комікс

bande dessinée

канструктар "Лега"

blocs LEGO

канструктар

jeu de briques

экшэн-фігурка

figurine articulée

дзіцячы гарнітур

dormeuse

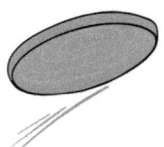

фрызбі

disque volant

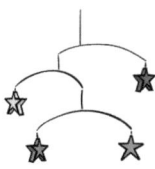

дзіцячы мабіль

mobile

настольная гульня

jeu de société

кубік

dé

дзіцячая чыгунка

ensemble de modèles de train

пустышка

mannequin

дзіцячае свята

fête

кніга з малюнкамі

livre d'images

мячык

balle

лялька

poupée

гуляцца

jouer

дзіцячы пакой - chambre d'enfant

пясочніца
bac à sable

арэлі
balançoire

цацкі
jouets

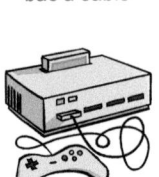
гульнявая відэа прыстаўка
console de jeu vidéo

трохколавы ровар
tricycle

плюшавы мішка
ours en peluche

шафа
garde-robe

адзенне
vêtements

шкарпэткі
chaussettes

панчохі
bas

калготкі
collant

шалік
écharpe

рамень
ceinture

парасон
parapluie

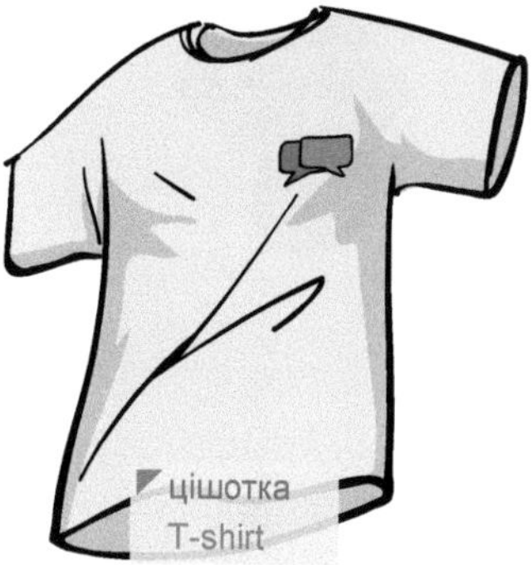

цішотка
T-shirt

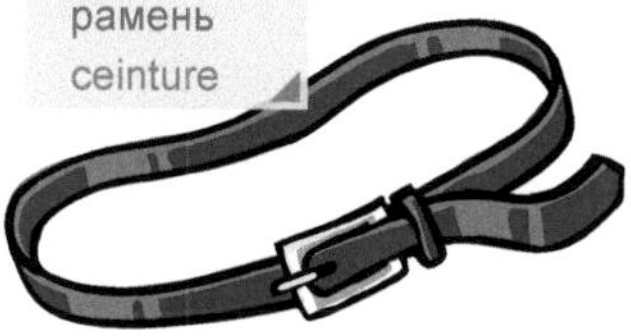

красоўкі
chaussures de sport

боты
bottes

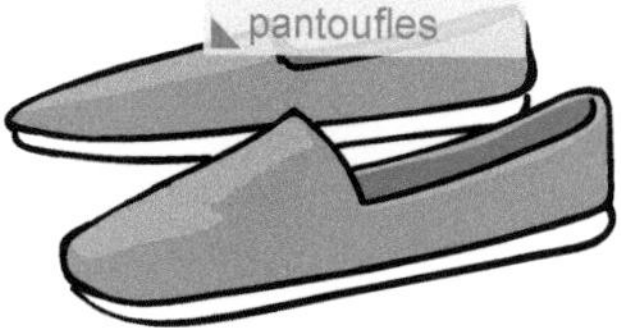

пантоплі
pantoufles

сандалі

sandales

абутак

souliers

гумовыя боты

bottes de caoutchouc

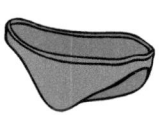

трусы

sous-vêtements

бюстгальтар

soutien-gorge

майка

gilet

адзенне - vêtements

бодзі
body

штаны
pantalon

джынсы
jean

спадніца
jupe

блузка
chemisier

кашуля
chemise

джэмпер
chandail

талстоўка
chandail à capuche

блэйзер
blazer

куртка
veste

паліто
manteau

дажджавік
manteau de pluie

касцюм
complet

сукенка
robe

вясельная сукенка
robe de mariée

касцюм

tailleur

начная сарочка

chemise de nuit

піжама

pyjama

сары

sari

хустка

foulard

цюрбан

turban

паранджа

burqa

каптан

cafetan

Абая

abaya

купальнік

maillot de bain

плаўкі

maillot short

шорты

culotte courte

спартыўны касцюм

survêtement

фартух

tablier

пальчаткі

mitaines

адзенне - vêtements

гузік
bouton

акуляры
lunettes

бранзалет
bracelet

каралі
collier

кальцо
bague

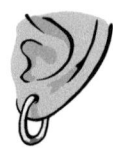

завушніца
boucle d'oreille

кепка
tuque

вешалка
cintre

капялюш
chapeau

гальштук
cravate

маланка
fermeture à glissière

шлем
casque

падцяжкі
bretelles

школьная форма
uniforme scolaire

уніформа
uniforme

адзенне - vêtements

нагруднік
bavoir

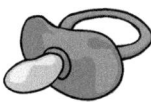
пустышка
mannequin

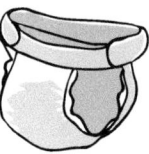
падгузнік
couche

офіс
bureau

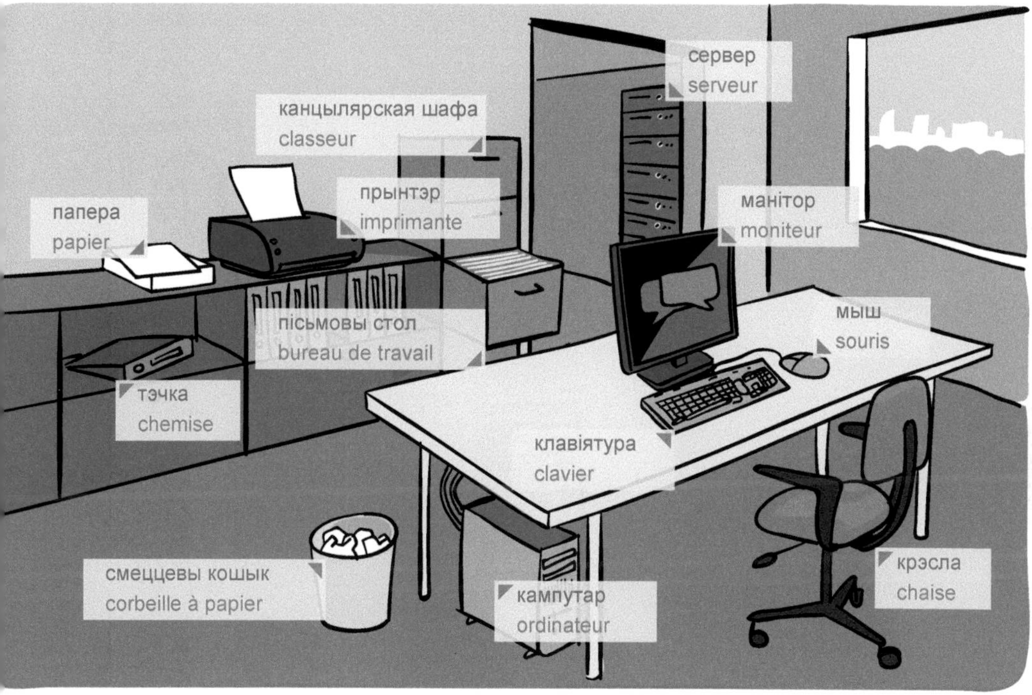

- сервер / serveur
- канцылярская шафа / classeur
- прынтэр / imprimante
- папера / papier
- манітор / moniteur
- пісьмовы стол / bureau de travail
- мыш / souris
- тэчка / chemise
- клавіятура / clavier
- смеццевы кошык / corbeille à papier
- кампутар / ordinateur
- крэсла / chaise

кубак для кавы (філіжанка)
grande tasse à café

калькулятар
calculatrice

інтэрнэт
Internet

ноўтбук
ordinateur portable

ліст
lettre

паведамленне
message

мабільны тэлефон
téléphone cellulaire

сетка
réseau

ксеракс
photocopieur

праграмнае забеспячэнне
logiciel

тэлефон
téléphone

разетка
prise de courant

факс
télécopieur

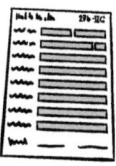

фармуляр
formulaire

дакумент
document

эканоміка
économie

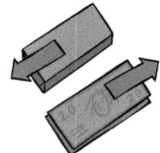

купляць
acheter

плаціць
payer

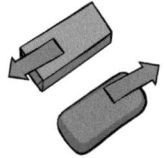

гандляваць
commercer

грошы
argent

долар
dollar

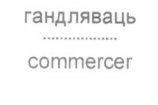

еўра
euro

ена
yen

рубель
rouble

франк
franc suisse

кітайскі юань
renminbi yuan

рупія
roupie

банкамат
distributeur de billets

абменны пункт
bureau de change

золата
or

срэбра
argent

нафта
pétrole

энергія
énergie

цана
prix

кантракт
contrat

падатак
taxe

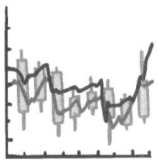

акцыя
actions

працаваць
travailler

служачы
employé

працадаўца
employeur

фабрыка
usine

крама
magasin

эканоміка - économie

прафесіі
professions

паліцыянт / agent de police

пажарны / pompier

кухар / cuisinier

доктар / docteur

пілот / pilote

садоўнік
jardinier

слесар
charpentier

швачка
couturier

суддзя
juge

хімік
pharmacien

артыст
acteur

кіроўца аўтобуса | таксіст | рыбак
chauffeur d'autobus | chauffeur de taxi | pêcheur

прыбіральшчыца | страхар | афіцыянт
femme de ménage | couvreur | serveur

паляўнічы | мастак | пекар
chasseur | peintre | boulanger

электрык | будаўнік | інжынер
électricien | constructeur de bâtiments | ingénieur

мяснік | сантэхнік | паштальён
boucher | plombier | facteur

прафесіі - professions

салдат
soldat

архітэктар
architecte

касір
caissier

фларыст
fleuriste

цырульнік
coiffeur

кандуктар
chef de train

механік
mécanicien

капітан
capitaine

стаматолаг
dentiste

вучоны
scientifique

рабін
rabbin

імам
imam

манах
moine

святар
ecclésiastique

прафесіі - professions

інструменты
outils

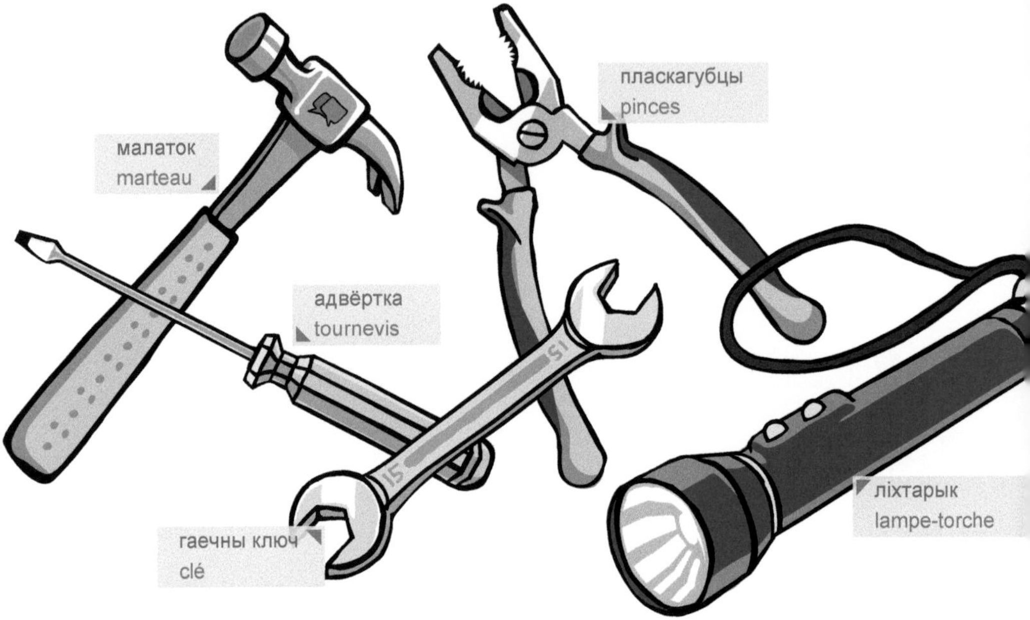

малаток
marteau

пласкагубцы
pinces

адвёртка
tournevis

гаечны ключ
clé

ліхтарык
lampe-torche

экскаватар
excavatrice

скрыня для інструментаў
boîte à outils

дравіны
échelle

піла
scie

цвікі
clous

дрыль
perceuse

рамантаваць
réparer

рыдлеўка
pelle

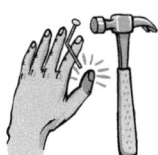

Халера!
tabarnouche

шуфлік для смецця
pelle à poussière

вядро з фарбаю
pot de peinture

балты
vis

музычныя інструменты
instruments de musique

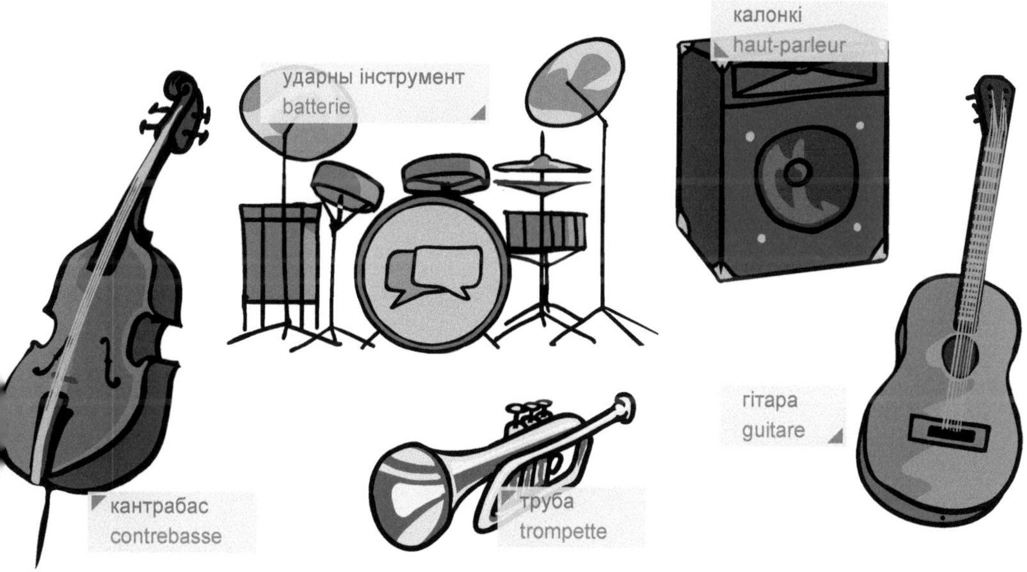

кантрабас
contrebasse

ударны інструмент
batterie

труба
trompette

калонкі
haut-parleur

гітара
guitare

піяніна
piano

скрыпка
violon

басгітара
basse

літаўры
timbales

барабан
tambour

клавішны электрамузычны інструмент
synthétiseur

саксафон
saxophone

флейта
flûte

мікрафон
microphone

заапарк
zoo

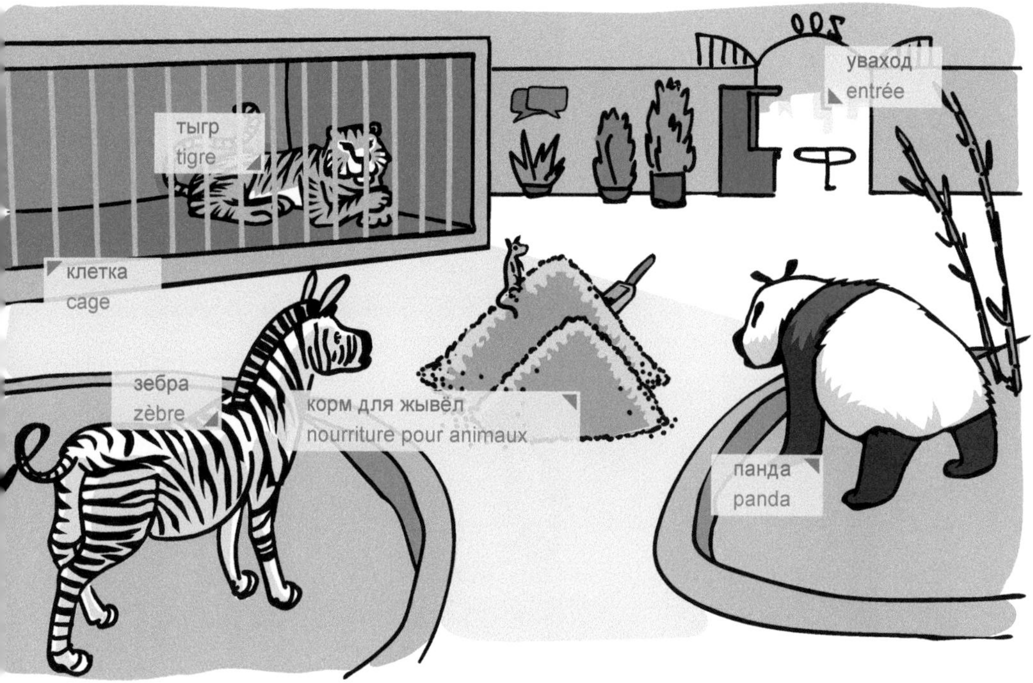

- тыгр / tigre
- клетка / cage
- увахοд / entrée
- зебра / zèbre
- корм для жывёл / nourriture pour animaux
- панда / panda

жывёлы
animaux

слон
éléphant

кенгуру
kangourou

насарог
rhinocéros

гарыла
gorille

мядзведзь
ours

вярблюд

chameau

стравус

autruche

леў

lion

малпа

singe

фламінга

flamand rose

папугай

perroquet

белы мядзведзь

ours polaire

пінгвін

pingouin

акула

requin

паўлін

paon

змяя

serpent

кракадзіл

crocodile

наглядчык заапарка

gardien de zoo

цюлень

phoque

ягуар

jaguar

поні
poney

леапард
léopard

бегемот
hippopotame

жыраф
girafe

арол
aigle

дзік
sanglier

рыбак
poisson

чарапаха
tortue

морж
morse

ліса
renard

газель
gazelle

спорт
sports

дзейнасць
activités

- скакаць / sauter
- абдымаць / serrer dans les bras
- смяяцца / rire
- ісці / marcher
- спяваць / chanter
- марыць / rêver
- маліцца / prier
- цалаваць / embrasser

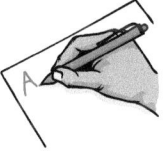
пісаць
écrire

маляваць
dessiner

паказваць
montrer

націснуць
pousser

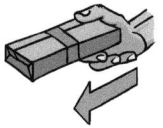
даваць
donner

браць
prendre

маць
avoir

выконваць
faire

быць
être

стаяць
être debout

бегчы
courir

цягнуць
tirer

кідаць
jeter

падаць
tomber

ляжаць
s'allonger

чакаць
attendre

насіць
porter

сядзець
s'asseoir

апранацца
s'habiller

спаць
dormir

прачынацца
se réveiller

глядзець
regarder

плакаць
pleurer

лашчыць
caresser

прычэсвацца
peigner

гаварыць
parler

разумець
comprendre

пытаць
demander

чуць
écouter

піць
boire

есці
manger

прыбіраць
ranger

кахаць
aimer

гатаваць
cuisiner

ехаць
conduire

лятаць
voler

дзейнасць - activités

65

плаваць пад ветразем
faire de la voile

лічыць
calculer

чытаць
lire

вучыць
apprendre

працаваць
travailler

уступаць у шлюб
se marier

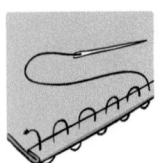

шыць
coudre

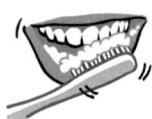

чысціць зубы
brosser les dents

забіваць
tuer

курыць
fumer

пасылаць
envoyer

дзейнасць - activités

сям'я
famille

- бабуля / grand-mère
- дзядуля / grand-père
- бацька / père
- маці / mère
- дзіця / bébé
- дачка / fille
- сын / fils

госць
invité

цётка
tante

дзядзька
oncle

брат
frère

сястра
sœur

цела
corps

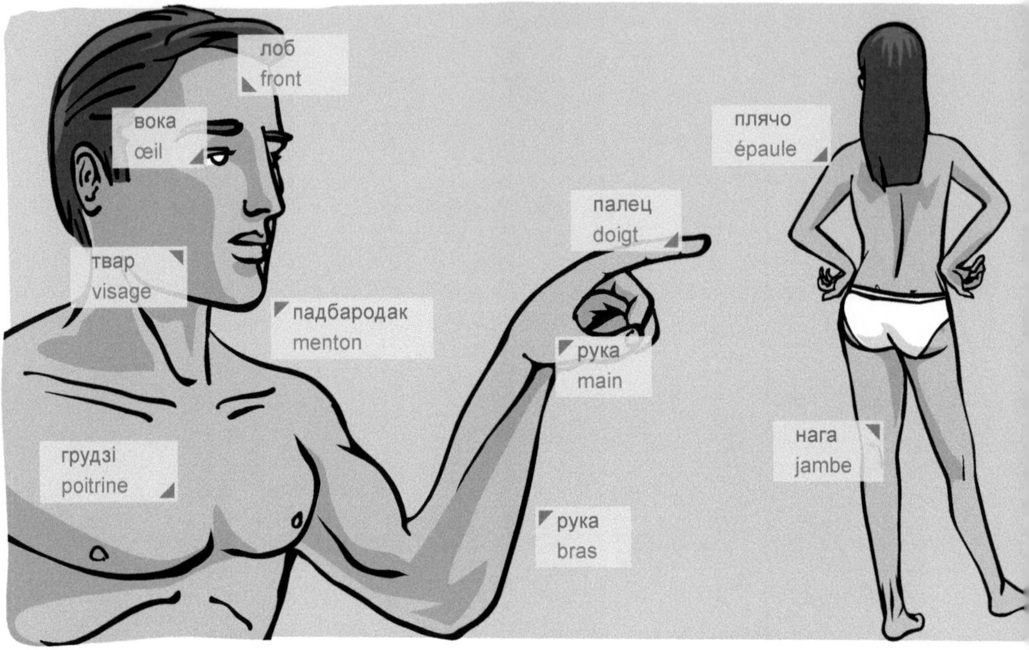

лоб / front
вока / œil
твар / visage
падбародак / menton
грудзі / poitrine
плячо / épaule
палец / doigt
рука / main
нага / jambe
рука / bras

дзіця
bébé

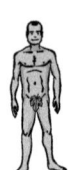

мужчына
homme

жанчына
femme

дзяўчынка
fille

хлопчык
garçon

галава
tête

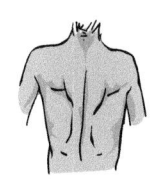

спіна
dos

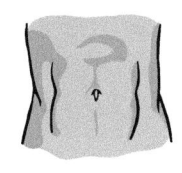

жывот
ventre

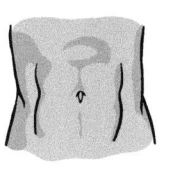

пуп
nombril

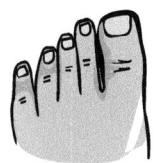

палец нагі
orteil

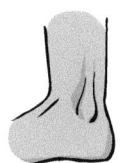

пятка
talon

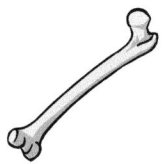

костка
os

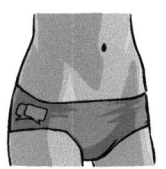

бядро
hanche

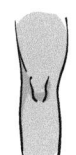

калена
genou

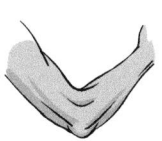

локаць
coude

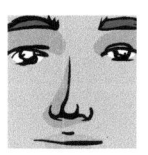

нос
nez

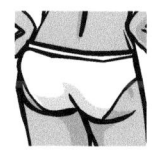

ягадзіца
derrière

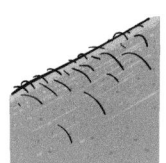

скура
peau

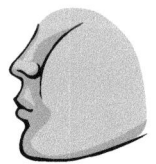

шчака
joue

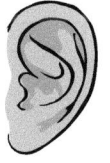

вуха
oreille

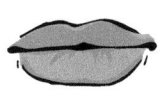

губа
lèvre

цела - corps

рот
bouche

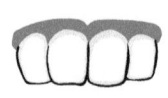

зуб
dent

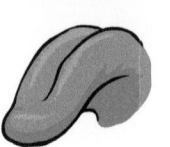

язык
langue

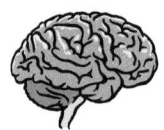

галаўны мозг
cerveau

сэрца
cœur

мышца
muscle

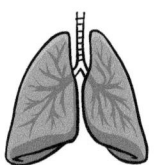

лёгкае
poumon

пячонка
foie

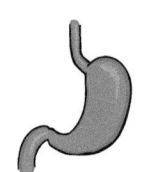

страўнік
estomac

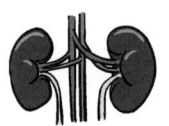

ныркі
reins

сэкс
rapport sexuel

прэзерватыў
condom

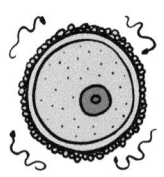

яйцаклетка
ovule

сперма
sperme

цяжарнасць
grossesse

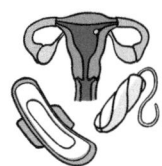 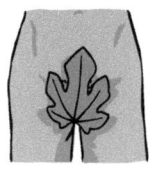 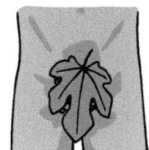

менструацыя
menstruation

похва
vagin

пеніс
pénis

  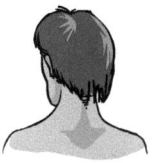

брыво
sourcil

валасы
cheveux

шыя
cou

цела - corps

шпіталь
hôpital

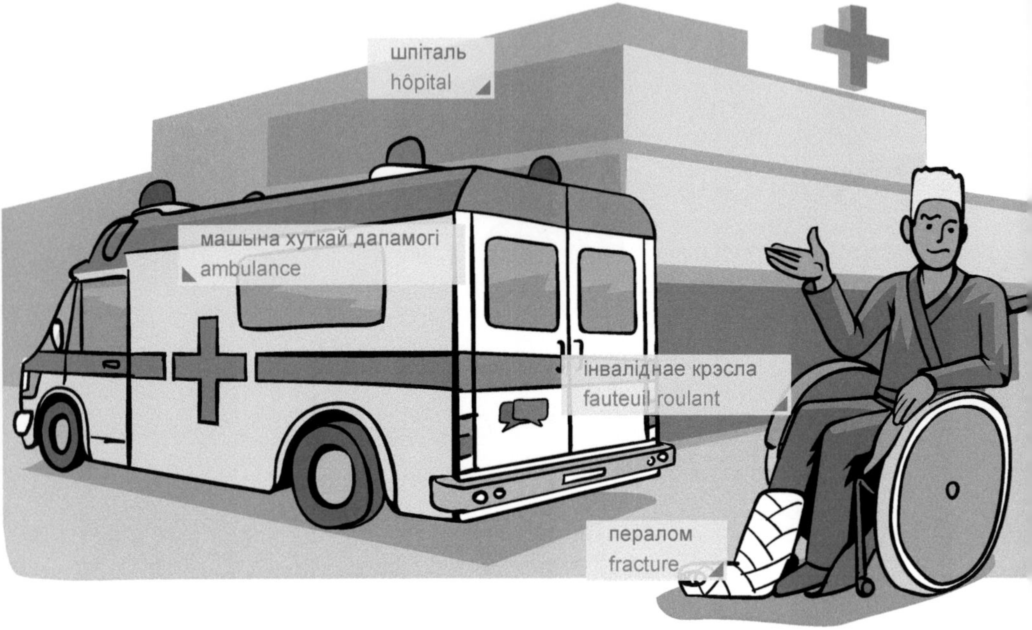

шпіталь
hôpital

машына хуткай дапамогі
ambulance

інваліднае крэсла
fauteuil roulant

пералом
fracture

доктар
docteur

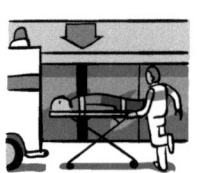

аддзяленне першай дапамогі
salle des urgences

медсястра
infirmier

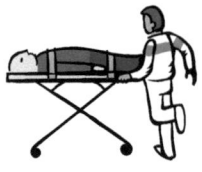

экстраная дапамога
urgence

непрытомны
inconscient

боль
douleur

траўма
blessure

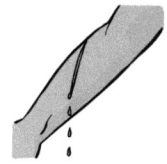
крывацёк
saignement

інфаркт
crise cardiaque

апаплексія
AVC

алергія
allergie

кашаль
toux

гарачка
fièvre

грып
grippe

панос
diarrhée

галаўны боль
mal de tête

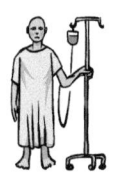
рак
cancer

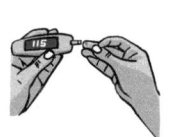
дыябет
diabète

хірург
chirurgien

скальпель
scalpel

аперацыя
opération

шпіталь - hôpital

КТ
tomodensitométrie

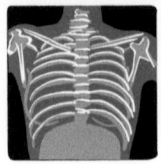

рэнтген
radiographie

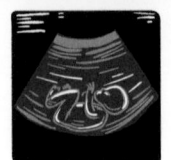

ультрагук
ultrason

маска
masque

хвароба
maladie

пачакальня
salle d'attente

мыліца
béquille

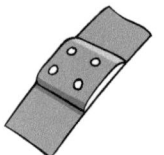

пластыр
sparadrap

бінт
bandage

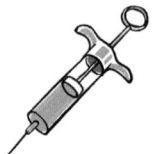

ін'екцыя
injection

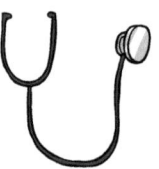

стэтаскоп
stéthoscope

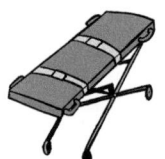

насілкі
brancard

градуснік
thermomètre médical

нараджэнне
accouchement

лішняя вага
excès de poids

шпіталь - hôpital

слухавы апарат
appareil auditif

дэзінфекцыйны сродак
désinfectant

інфекцыя
infection

вірус
virus

ВІЧ/СНІД
VIH / Sida

лекі
médicament

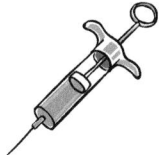
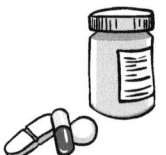

прышчэпка
vaccination

таблеткі
comprimés

супрацьзачаткавая таблетка
pilule

экстраны выклік
appel d'urgence

танометр
tensiomètre

хворы / здаровы
malade / en bonne santé

шпіталь - hôpital

экстраная дапамога
urgence

Ратуйце!
Au secours !

сігналізацыя
alarme

напад
assaut

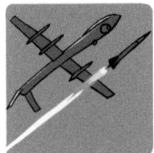
атака
attaque

небяспека
danger

аварыйны выхад
sortie de secours

вогнетушыцель
extincteur

аварыя
accident

Пажар!
Au feu !

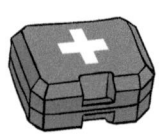
аптэчка
trousse de premiers soins

СОС
SOS

паліцыя
police

Зямля
Terre

Еўропа
Europe

Паўночная Амерыка
Amérique du Nord

Паўднёвая Амерыка
Amérique du Sud

Афрыка
Afrique

Азія
Asie

Аўстралія
Australie

Атлантычны акіян
océan Atlantique

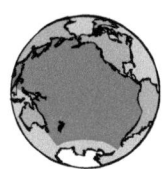
Ціхі акіян
océan Pacifique

Індыйскі акіян
océan Indien

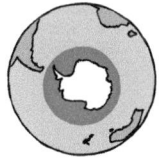
Паўднёвы ледавіты акіян
océan Antarctique

Паўночны ледавіты акіян
océan Arctique

Паўночны полюс
Pôle Nord

Паўднёвы полюс
Pôle Sud

Антарктыда
Antarctique

Зямля
Terre

краіна
terre

мора
mer

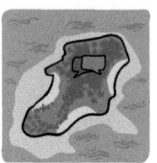
востраў
île

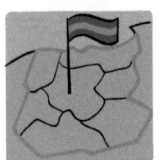
нацыя
nation

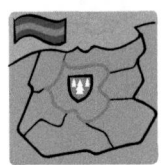
дзяржава
État

гадзіннік
heure

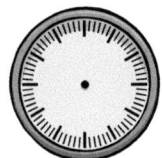
цыферблат
cadran

гадзінная стрэлка
aiguille des heures

хвілінная стрэлка
aiguille des minutes

секундная стрэлка
aiguille des secondes

Колькі часу?
Quelle heure est-il ?

дзень
jour

час
temps

зараз
maintenant

электронны гадзіннік
montre à affichage numérique

хвіліна
minute

гадзіна
heure

тыдзень
semaine

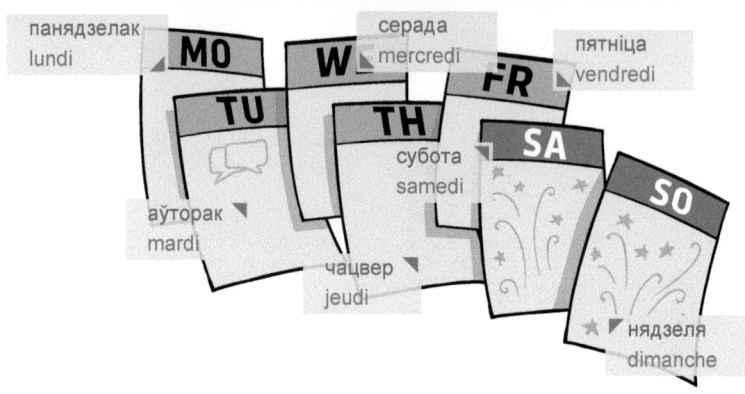

панядзелак / lundi
серада / mercredi
пятніца / vendredi
аўторак / mardi
чацвер / jeudi
субота / samedi
нядзеля / dimanche

ўчора
hier

сёння
aujourd'hui

заўтра
demain

раніца
matin

абед
midi

вечар
soir

працоўныя дні
jours ouvrables

выхадныя
fin de semaine

год
année

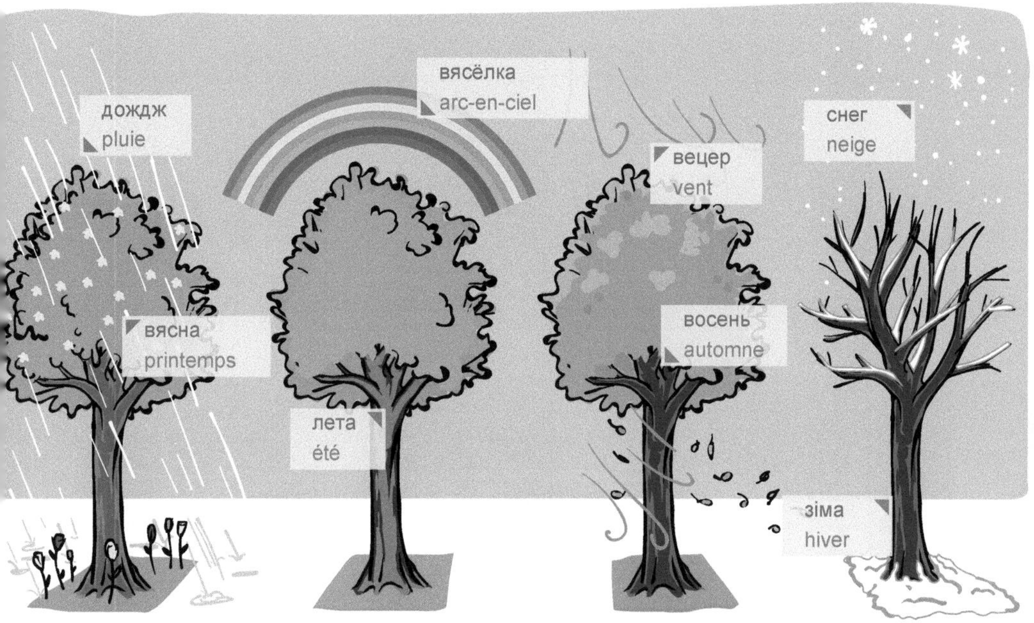

дождж / pluie

вясёлка / arc-en-ciel

вецер / vent

снег / neige

вясна / printemps

лета / été

восень / automne

зіма / hiver

прагноз надвор'я
prévisions météorologiques

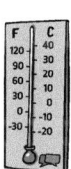

градуснік
thermomètre

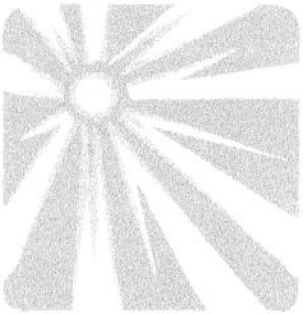

сонечнае святло
rayons du soleil

воблака
nuage

туман
brouillard

вільготнасць паветра
humidité

маланка
foudre

гром
tonnerre

бура
tempête

град
grêle

мусонны вецер
mousson

прыліў
inondation

лёд
glace

студзень
janvier

люты
février

сакавік
mars

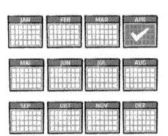

красавік
avril

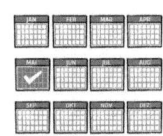

май
mai

чэрвень
juin

ліпень
juillet

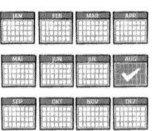

жнівень
août

год - année

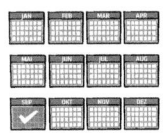
верасень
septembre

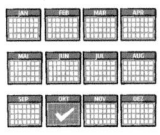
кастрычнік
octobre

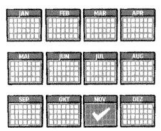
лістапад
novembre

снежань
décembre

формы
formes

круг
cercle

квадрат
carré

прамавугольнік
rectangle

трохвугольнік
triangle

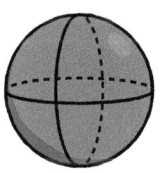
шар
sphère

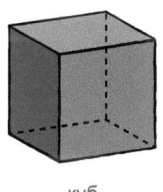
куб
cube

колеры
couleurs

белы
blanc

жоўты
jaune

аранжавы
orange

ружовы
rose

чырвоны
rouge

фіялетавы
violet

сіні
bleu

зялёны
vert

карычневы
marron

шэры
gris

чорны
noir

супрацьлегласці
opposés

шмат / мала

beaucoup / un peu

злы / добры

en colère / calme

прыгожы / брыдкі

beau / laid

пачатак / канец

début / fin

высокі / малы

grand / petit

светлы / цёмны

lumineux / sombre

сястра / брат

frère / sœur

чысты / брудны

propre / sale

поўны / няпоўны

complet / incomplet

дзень / ноч

jour / nuit

мёртвы / жывы

mort / vivant

шырокі / вузкі

large / étroit

ядомы / неядомы

comestible / non comestible

злы / добры

méchant / gentil

узбуджаны / нудны

être enthousiaste / s'ennuyer

тоўсты / тонкі

gros / mince

першы / апошні

premier / dernier

сябар / вораг

ami / ennemi

поўны / пусты

plein / vide

цвёрды / мяккі

dur / mou

важкі / лёгкі

lourd / léger

голад / смага

faim / soif

хворы / здаровы

malade / en bonne santé

нелегальны / легальны

illégal / légal

разумны / дурны

intelligent / stupide

левы / правы

gauche / droite

побач / далёка

proche / loin

новы / былы ва ўжыванні

neuf / usagé

нічога / нешта

rien / quelque chose

стары / малады

vieux / jeune

укл / выкл

marche / arrêt

адчынены / зачынены

ouvert / fermé

ціхі / гучны

calme / bruyant

багаты / бедны

riche / pauvre

правільна / няправільна

correct / incorrect

шурпаты / гладкі

rugueux / lisse

сумны / шчаслівы

triste / heureux

кароткі / доўгі

court / long

павольны / хуткі

lent / rapide

вільготны / сухі

mouillé / sec

цёплы / халаднаваты

chaud / froid

вайна / мір

guerre / paix

супрацьлегласці - opposés

лічбы
nombres

0
нуль
zéro

1
адзін
un

2
два
deux

3
тры
trois

4
чатыры
quatre

5
пяць
cinq

6
шэсць
six

7
сем
sept

8
восем
huit

9
дзевяць
neuf

10
дзесяць
dix

11
адзінаццаць
onze

12
дванаццаць
douze

13
трынаццаць
treize

14
чатырнаццаць
quatorze

15
пятнаццаць
quinze

16
шаснаццаць
seize

17
сямнаццаць
dix-sept

18
васямнаццаць
dix-huit

19
дзевятнаццаць
dix-neuf

20
дваццаць
vingt

100
сто
cent

1.000
тысяча
mille

1.000.000
мільён
million

МОВЫ
langues

англійская

anglais

англійская (Амерыка)

anglais américain

кітайская мандарынская

chinois mandarin

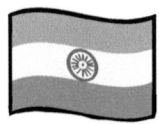

хіндзі

hindi

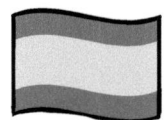

іспанская

espagnol

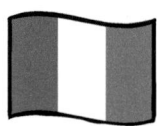

французская

français

арабская

arabe

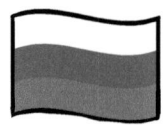

руская

russe

партугальская

portugais

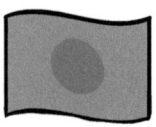

бенгальская

bengali

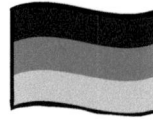

нямецкая

allemand

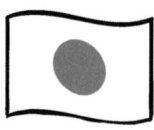

японская

japonais

хто / што / як
qui / quoi / comment

я
je

ты
tu

ён / яна / яно
il / elle / ce, c', cela

мы
nous

вы
vous

яны
ils / elles

хто?
qui ?

што?
quoi ?

як?
comment ?

дзе?
où ?

калі?
quand ?

імя
nom

дзе
où

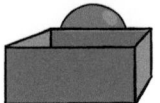

за
derrière

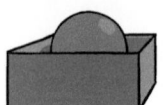

у
dans

перад
devant

над
au-dessus

на
sur

пад
en dessous

каля
à côté de

паміж
entre

месца
endroit